JN228711

ごみ育

日本一楽しいごみ分別の本

滝沢秀一
（ごみ清掃員兼芸人）

太田出版

もくじ

第4章 応用編

間違いやすい、ごみの「中身」 80

Q31「使用済みのカイロ」／Q32「保冷剤」／Q33「ペンキ」／Q34「生ごみの80%」／
Q35「CD」／Q36「マニキュアのビン」／Q37「化粧水のビン」／Q38「乾燥剤」／
Q39「100円ライター」／Q40「石油ストーブ」

第5章 卒業編

これで達人！ 超難問ごみ 104

Q41「観葉植物」／Q42「電池の入ったおもちゃ」／Q43「ごみをお金に変えるには」／
Q44「1回に出せるごみの量」／Q45「テレビやエアコンなど」／Q46「轢かれた猫」／
Q47「ドライヤー、デジカメ、携帯ゲーム」／Q48「給食の食べ残し」／
Q49「最終処分場の寿命」／Q50「ごみそのものを減らすには」

コラム・ごみ先生が知ったこと

"ごみ" って何？

汚れたもの？

こわれたもの？

使わなくなったもの？

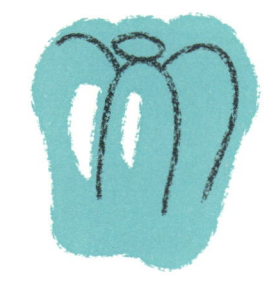

きらいなもの？

"捨てる" って？

もやす？

埋める？

つぶす？

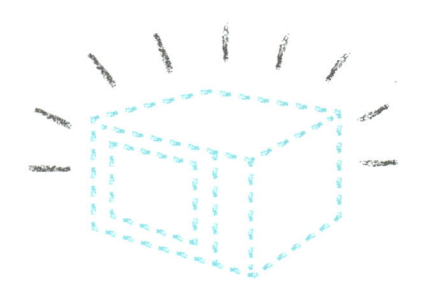

消える？

はじめに

滝沢清掃員
（または "ごみ先生"）

ぼくが、ごみ分別できるようにしてあげるよ！！

きっと、今はちょっと自信ないでしょ？

大丈夫！ みんなだけじゃなくて、大人だって自信ない人がいっぱいいるんだから、子供がわからなくて当然だよ。

でもさ、ごみ分別できるとちょっと自慢にならない？

「お母さん！ お魚のトレイはプラスチック資源だよ！」

なーんて言う小学生、ちょっとおもしろくない？

ついでに「ちょっとはぼくらの未来のことを考えてよ」なーんて付け加えたら、君もごみマスター！ ごみ博士！ ごみキング！ ごみゴジラ！ ごみウルトラマン！ （わけがわからないか？）

ぼくだって、もともとは全然できなかったんだよ。

ごみ分別にはちょっとしたコツがあるんだ。だから細かく全部覚えなくても、「あれが不燃ごみならこれも不燃ごみだろうな…」って想像がつくようになってくる。

え？ そう言うあんたはいったい誰だって？

ぼくはお笑いコンビ "マシンガンズ" の滝沢。

お笑い芸人をやりながら、ごみ清掃員を７年間やっているんだ。

ごみ清掃員ってわかる？ 家の近くのごみの集積所に清掃車がやってくるでしょ？ それで清掃車にごみをポンポン投げ入れている人いるじゃん？ アレ！ アレをぼくは毎日やっているの。

だからごみ清掃車を見かけたら、のぞいてみて！　ひょっとしたらぼくが仕事をしているかもしれないね！

それを7年間もやっているから、ぼくは人よりはちょっとだけ、ごみにくわしいんだ。

だから君たちのほうがぼくよりごみのことがくわしくなる日まで、ぼくのことを“ごみ先生”って呼んでね！　決して“ごみウルトラマン”とは呼ばないでね！

ここからはお父さんお母さん方、大人の方々へ。

ぼくは世の物事で最も重要なのは「教育」だと思っています。

ここで言う「教育」とはいわゆる“勉強ができる・できない”という意味のものだけではなく、家庭で大人が子供に教えるあらゆること、そのコミュニケーションすべてもまた「教育」のひとつだとぼくは思っています。

ぼくは現在、小学校1年生と3歳の保育園児を育てています。

「パパ！　全裸でごはん食べていい？」

「なんで？」というぼくの疑問には何も答えず、裸になって白米を食べるというわけのわからないことをしはじめる上の息子に、「ギョエー」と叫びながら下の娘もその真似をするという、異次元に引きこまれたかのような錯覚をする日々を送っています。

目を疑いたくなる行動をする彼、彼女らですが、ぼくはふたりに『ごみ育』をしている最中です。

教えてさえおけば、彼、彼女らが考えられる年齢に達した時に、選択肢が出来ると信じています。

ぼくがしなければならないことは、基盤を作ってあげることだと思います。

「親父があんなこと言っていたけど、俺はこう思うな」でいいと思います。

問題は、「知らない」ということです。

趣旨が異なるのでここで詳しくは述べませんが、ぼくは、以前出した別のごみに関する本で、「治安が悪いと言われている所は、ごみ集積所が汚い」「お金持ちの多い地域とそうでない地域のごみの違いから、それぞれの住人の思考回路が見えてくる」という趣旨の文章を書きました。

ごみ清掃を7年間やっていると、ごみは侮れない、ごみは嘘をつかない、ということに気づきました。

いま世間では、「食育」や「味育」、「水育」など、学校教育以外の「教育」が盛んになってきています。

ぼくはそれをすごく良いことだと思っています。

この本で、一緒に『ごみ育』を始めてみませんか？

滝沢秀一

これだけは知っておこう、
ごみの分け方（ごみ分別）の基本種類

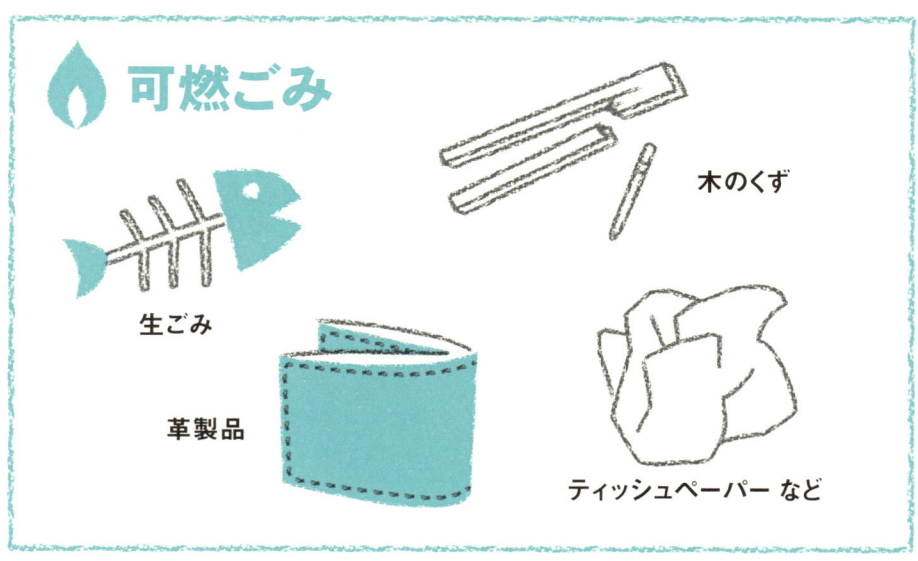

可燃ごみ

木のくず

生ごみ

革製品

ティッシュペーパー など

不燃ごみ

ガラス製品

金属製品

陶磁器

小型電化製品 など

ごみの分け方や呼び方は住んでいる地域によって
違うこともあるから、注意してね！

リサイクル資源

ビン　缶

ペットボトル

古紙（新聞、雑誌、ダンボール、雑がみ、牛乳パックなど）

プラスチック製容器包装（プラマークの入ったケースやラベル、発砲スチロールなど）

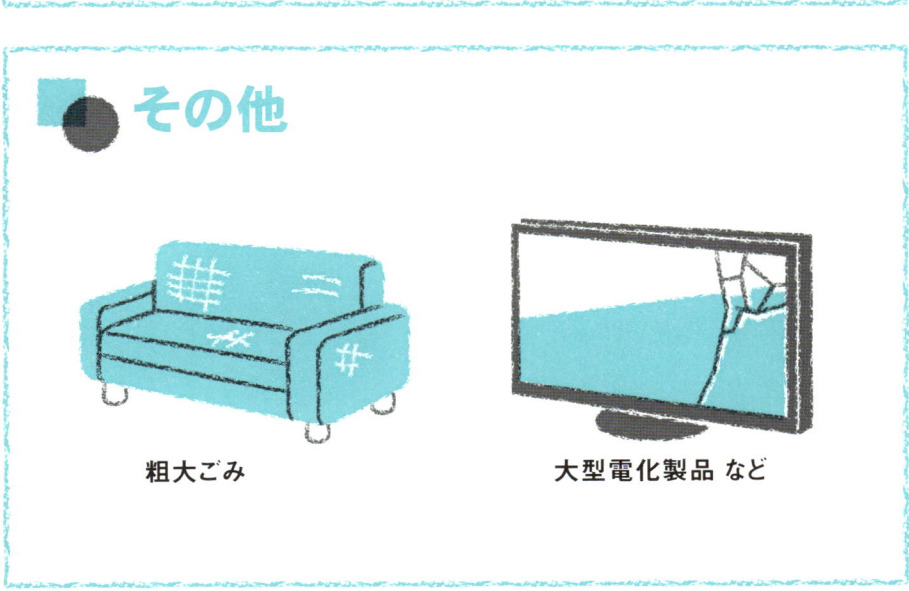

その他

粗大ごみ

大型電化製品 など

第1章

初級編

まずはここから、
自分の家のごみ

最初はやさしい問題から。いきなりサービス問題だなんて驚いた？　そこがぼく滝沢清掃員の優しいところだよ！

きみは朝ご飯はちゃんと食べてるかな？　滝沢清掃員は絶対に食べるよ！　じゃないと倒れちゃうからね！　きみもちゃんと食べるんだぞ！

さて、**朝食を食べ終わったあとのテーブルにはごみがたくさん出てる。これらは何ごみ？**

答えは→

A1

可燃（かねん）ごみ

簡単だったかな？　寝ながら答えた？　本はちゃんと座（すわ）って読むんだ！　これから難しくなるぞ！
生ごみや汚れた容器でもえるものはすべて可燃ごみだよ。これは基本だから覚えてね。
中には洗えば資源（しげん）になるものもあるから、これから勉強していこうね。

ちなみに1人が1日に出す
ごみの量は平均925グラム
にもなるんだよ！
1年にすると365キロ！
横綱白鵬関の2倍以上！

次もやさしい問題！　さっき難しくなるって言って

たのにびっくりした？　最初から２問続けてサー

ビス問題が出るクイズ番組があったら、きっと全員

優勝だね。

さて、**使い終わったあとのジャムのビン。こ**

のままだとビンの資源にならないんだ。ど

うすればいい？

ヒントはさっきの問題にあるよ。

答えは→

13

A2

ゆすぐ、紙で軽く拭き取るなどして、汚れを落とす

汚れが落ちなければ不燃ごみで出す。**ビンは基本的にリサイクルをするために回収されるんだ。**汚れているとリサイクルできないよ。だから軽くでいいから汚れを落としてほしいんだ。オリーブオイルとかラー油とか汚れが落ちにくいものは、不燃ごみで出してね。

たまにバレないと思って
ビンを可燃ごみに隠して
捨てる人がいるけど、
清掃員で半年も働けば、
ごみ袋を持った時の重さと音で、
中にビンが入っていることを
見破れるよ！

Q3

魚肉ソーセージって知ってる？　妙にプルンプルンしているあいつ！　おいしいけど捨て方がちょっと難しい。先端に金属みたいのが付いているから迷うね。

いきなり問題が難しくなって感情がぐちゃぐちゃになるでしょ？　でも君のため！

これを知っているとごみ博士に近づくよ！　何ごみだ？

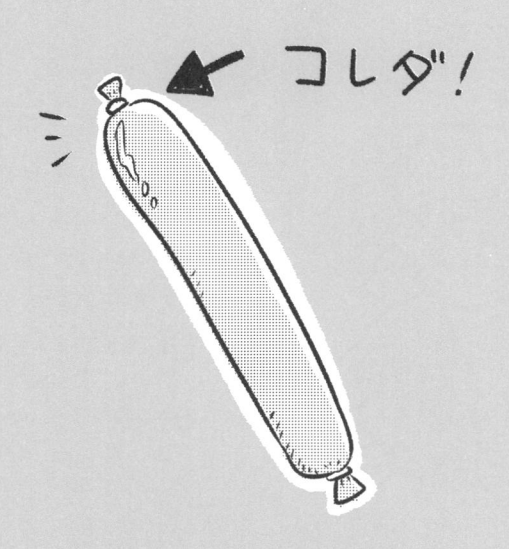

コレダ！

答えは→

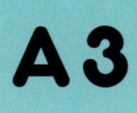

可燃ごみ

先端の金属ところはもえないから、ハサミで切って不燃ごみにしてくれたらうれしいけど、**素材の９割が可燃ごみだったら、１割不燃ごみが付いていても可燃ごみ**でいいんだ。だからベルトや洋服に金属ボタンが付いていても可燃ごみで出して大丈夫だよ。

地域によって細かくは違う場合もあるよ。ちなみにぼくの母親はごみの素材の割合のことでよく電話をかけてくるよ！

ガッシャーン！ありゃりゃ、**グラス割っちゃった
よ**。何回割ってもこれには慣れないよね？ 心臓を
鷲掴(わしづか)みにされたようにドキッとする。ぼくはそんな
ことにも驚かない肝(きも)の据(す)わった男になりたいよ。

…で、言いにくいんだけど、**これ捨てて！**

何ごみだかわかるかな？ 気をつけてね！

答えは→

A4

不燃ごみ

ビンの日の回収をしてると、よく割れたコップやお皿を出してる人がいるけど、これらは不燃ごみなんだ。ビンはまた再利用されるから**混ぜないでね。**

ごみ袋に「割れたお皿が入っています」なんて注意書きを書いてくれるとうれしいな！清掃員たちの手は割れたお皿で傷だらけなんだ！

Q5

猫ってかわいいよね？　人生に余裕があれば猫を撫で回すだけで終わる一日があってもいいと思う。ぼくも昔、猫を飼ってたよ。ルビちゃんっていうんだ。撫で回しすぎてルビちゃんにちょっと嫌われてたよ。でも猫砂にされるオシッコは臭かったなぁ。

さて、オシッコされたあとの猫砂は何ごみ？

ミナイデ…．

答えは→

19

A5

可燃ごみ

紙系、おから系、ひのき系の猫砂であれは可燃ごみだよ。砂と言っているけど、ちゃんともえるんだ。ただしゼオライトのような**鉱物系（こうぶつけい）**は地域によって可燃ごみだったり、不燃ごみだったりするよ。猫砂の袋の裏側を見て、もしゼオライトだったら自分の地域の自治体（じちたい）を調べてね。

自治体に電話をかける時には
「滝沢清掃員の本を読んで
電話したんですが」と言ってみよう。
きっと「あ、そうですか～」って
言われるだけだよ！

ぼくには歯をみがく時にゴシゴシ強くみがいちゃう
癖があるんだ。みがきすぎて、歯医者さんに「歯ぐ
きをめくる気か?」と怒られた時には驚いたよ。優
しくみがくほうが歯ぐきの健康には良いんだって。
だからぼくの歯ブラシはすぐに毛先が開いちゃう。
そろそろ替えなきゃな。
さて、**歯ブラシは何ごみだ?**

答えは→

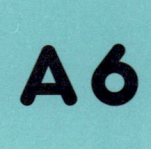

可燃ごみ

固いから一見、不燃ごみかなと思いがちだけど、可燃ごみのところが多いんだ。

1994年頃に、それまでは不燃ごみだったプラスチックが可燃ごみに変わったからだよ。

焼却技術の向上で、もやしても有毒ガスが出にくくなったんだ。

プラスチックについては、P.54のコラムも読んでね！

これこれ！　**古紙を回収しているとよくこんな感じで出されてることがあるんだよ。** きみの家もこうやって捨ててないかな？　じつはこれが一番困っちゃう。なんで困ると思う？

じゃあさ、**どうやって出せば滝沢清掃員が助かると思う？**

ギュウギュウ

答えは→

ダンボールはダンボール、新聞は新聞、雑誌は雑誌で分けて出す

新聞に雑誌を混ぜて出すと、せっかくリサイクルできるはずの新聞が雑誌と同じ扱いになってリサイクルできなくなっちゃう。なるべく清掃員が手で分けてるけど限界があるから、できたらダンボールはダンボール、雑誌は雑誌で分けてほしいんだ。

ちなみに雨が降った朝の
ダンボールは水を吸っていて
コンクリートのように重いんだ。
だから滝沢清掃員は
雨が降った朝には
腰にコルセットを巻くよ！

これこれ！　さっきのダンボールに混じってた！ **お線香の箱、これも困っちゃうのよー。** リサイクルしようっていう気持ちはすごくありがたいよ。でもじつはこれ、リサイクルには適さないんだ。なんでだと思う？　じつはこれは古紙じゃない。何ごみだと思う？

答えは→

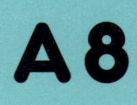

可燃ごみ

箱自体は紙だけど、お線香の**匂いが箱についているからリサイクルには不向き**なんだ。再生した紙に匂いがつく可能性があるから、古紙で出さないで、可燃ごみで出してね。他に洗剤の箱なんていうのもそうだね。

「匂いが付いているかもなぁ」
と思うものは、
可燃ごみで出してね。

ジャーン！ 粉ミルクがなくなったけど、ちゃんと買い置きしていたから困らない！ 新しい缶を開ければすむ話だね。さすが、たっきー（＝滝沢清掃員）はイクメン！ 偉いね！ みんなでたっきーを褒めよう！ たっきーは清掃員をしているだけじゃなく、ちゃんとパパもしているんだよ！

さて本題。**粉ミルクの缶は何の日に出す？**

答えは→

缶の日

材質を見ればいいんだ。ミルクの缶はたいていスチールだから、缶の日に出して問題ないよ。粉ミルクが残ったままだとよくないけど、きちんと使って粉がなくなれば問題ないよ。

缶の回収は飲み物の缶だけじゃないんだね。不燃ごみの日によく出されてるけど、せっかくだからリサイクルしよう。海苔(のり)とかせんべいが入っている容器も同じだね。ただ地域によっては飲料系の缶しか出しちゃダメというところもあるから、気をつけてね！

たまに「空き缶はつぶして出した方がいいの？つぶさないほうがいいの？」って聞かれるけど、どっちでもいいよ！

オムツ♪　オムツ♪　赤ちゃんのオムツ♪　たっぷりうんちをしている赤ちゃんのオムツ♪　生きてる証<ruby>拠<rt>こ</rt></ruby>♪　元気な証拠♪　替えよう、替えよう♪　新しいオムツ♪　使い終わったオムツはごみ以外の何物でもない♪

さて、使い終わったオムツは何ごみだ？

答えは→

A10

可燃ごみ

みんなそれぞれのリズムを刻んだことだろうと思うけど、ブルースはみんなの心の中にあるから、周りの人達と違っても不安にならないで！
うんちが流せる状態だったらトイレに流して、オムツ部分は可燃ごみとして捨てよう。

汚物をトイレに流すことは
どこの地域でも決まっている
ことなんだ。
ゆるいうんちで流すのが
むずかしい時は、
そのままでいいよ！

第2章

中級編1

街を見直そう、近所のごみ

Q11

隣の家は庭が広いから枯れ葉のごみをよく出すね。お金持ちっていいなぁ。滝沢清掃員も一度でいいからなってみたいよ。子供の頃は家によく借金取りがやってきて震えあがったもんだよ。ま、今となっては良い思い出だけどね…って思い出にひたって問題を忘れるところだった！

枯れ葉は何ごみ？

答えは→

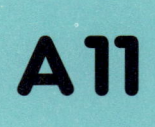

A11

可燃ごみ

これは簡単だね。庭や家の前の枯れ葉は可燃ごみになるよ。

ごみを回収してると季節を感じるんだ。 夏前から夏にかけては青々とした新緑だけど、春は桜、秋になると紅葉になって、冬辺りになると銀杏の葉がよく出るよ。

ちなみに銀杏の葉は
重くて腰にクるよ！

Q12

最近、歩きながら**コンビニのアイスコーヒー**を飲んでいる人をよく見るね。空いたカップをそのままごみ集積所に捨てる人がいるんだけど、集積所はごみ箱じゃないからやめてね！　**風で飛んでいっちゃって**街が汚れるよ。流行ってる**タピオカミルクティー**のカップも一緒。

どっちも持ち帰って家のごみ箱に捨ててほしいけど、何の日に出す？

答えは →

A12

プラスチック資源の日

「プラ資源の日」がない地域なら、可燃ごみの日に出してね。よくペットボトルに混じってることがあるんだけど、**コンビニのアイスコーヒーのカップはペットボトルとは違うもの**なんだ。リサイクルの方法も違うよ。

タピオカミルクティーのカップも同じ。**「プラスチック製容器包装」**になるんだ。だからペットボトル以外の容器や包装は、「プラスチック資源じゃないかな？」って思ってみて！ パッケージにマークが載ってることも多いよ！

ありゃりゃ。**道端にペットボトル**が落ちてるよ。
こういうのが車にひかれて、粉々の**マイクロプラスチック**になるんだ……。マイクロプラスチックのことはコラム（P.102）で説明するからあとで読んでね。
ここは自分のごみじゃないけど、良いことしたつもりで拾っちゃおう！
さて、これは何の日に出す？

イイコト！

答えは→

A13

ペットボトル資源の日

この問題は簡単だね！　だってペットボトルって言ってるんだからそりゃペットボトルの日だね！　ちなみにドリンクの自動販売機の隣りのごみ箱に捨てられたペットボトルは、**ドリンクメーカーの人達が持ち帰って分別**してるから、買ったもの以外は入れないでね。

たまにコンビニで買ったものを
袋ごと無理矢理
つっこんでいるのを見るけど、
あれはドリンクメーカーの人達が
大変なんだよ！

Q14

なんで、なんで、なんで!?　**なんでシャンプーの容器が道端に落ちているの？**　信じられないけど、回収しているとたまに見かけるから不思議。きっと、ごみ袋の口をきちんとしばらないで集積所(せきじょ)に出して、風で中身が飛ばされたんだろうね。

良いことは1日何回したっていいんだ！　地球を救おう！　拾っちゃおう！

さて、これは何の日に出す？　もうわかるよね？

サラニ
イイコト！

答えは →

A14

プラスチック資源の日

もう覚えたかな？　これだけしつこく言ってると、だんだん**ペットボトルとプラスチックの違い**がわかってきたかな？
これはさっきも出た「プラスチック製容器包装」にあたるんだ。

よくペットボトル資源の日に間違えて出されてるけど、シャンプーや漂白剤の容器はペットボトルじゃないからね！

Q15

しつこい！　マジでしつこい！　今度はなに？　中の汚れてる**ソースの空き容器**じゃん！　これも風に流されたの？　だろうね。こんな道端で「ソース無くなったから捨てちゃおう♪」なんて人いないもんね。悪意はなくても街にはごみがあふれているんだ。これは気をつけてよ！　難しいよ！
ソースの容器には「プラ」と書かれているよ。 何ごみで出す？

答えは→

可燃ごみ

「プラ」と書かれていても、中が汚れているからプラスチックのリサイクルには適さないんだ。リサイクルに汚れは大敵だよ。ぼく滝沢清掃員個人の意見だけど、無理矢理洗ってリサイクルしても結果として水を汚すことになるから、無理せずに可燃ごみがいいと思うよ！

ぼくらの生活はこれだけ
プラスチックに囲まれてるから、
プラスチックと上手に
付き合わなければならないんだ。

街でティッシュをもらったんだけど、一緒に**マンションのチラシ**も渡されたよ。ティッシュは鼻をかんで可燃ごみに捨てるからいいとして、チラシはどうしよう？　というかマンション買いそうなお金持ちに見られたかな？　悪い気はしないなぁ…ニヤニヤ。

でも**今は必要ないこのチラシ**、どうしたらいいかな？

答えは→

A16

古紙の日に出す

「雑がみ」にあたるね。ダンボール、新聞、雑誌、紙パック以外の、その他の紙のこと。 まとめて紙袋に入れるとリサイクルされて生まれ変わるよ。

紙の原料の64%は
リサイクルされた
古紙を使っているんだ。
残りが木材だよ。

今日は**缶を回収する日**でもあるのか…。ちょっと待って！　猫のエサ缶にハエがたかってるよ！これだと近くにいるネズミも寄ってきちゃうかもしれない。もちろんゴキブリだってそうだよ。ここを基地にしてみんなの家にお邪魔したら大変。じゃ、こんな缶はどうする？

ゴチソウダ！

答えは→

A17

洗ったり、紙で拭いたりして出す

基本的にはリサイクルだから、**中身を入れたままだとダメ**なんだ。缶にエサが残ってるのはリサイクルに不向きで衛生的にもよくないから協力してね。たまに賞味期限切れのサバ缶をそのまま出している人がいるけど、"サバごみの日"は全国どこの自治体にもないから、中身は出してね。

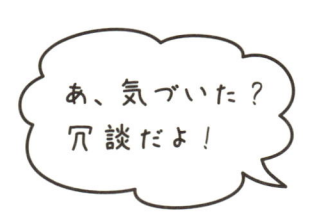

あ、気づいた？
冗談だよ！

Q18

わ、細<ruby>細<rt>こま</rt></ruby>かっ！　**袋いっぱいのシュレッダーの
ごみ。これは紙だね……。**

じゃあ、雑がみでいいのかな…?　うーん、何ごみ
だろう?

答えは →

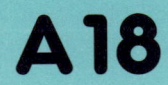

可燃ごみ

ほとんどの地域では可燃ごみで扱っているよ。繊（せん）維（い）が細かすぎて再生できないんだって。でも、地域によってはシュレッダーごみも古紙で集めているところがあるから、確認してみて！

ちなみにシュレッダーはぼくも持ってるよ。払い終わった請求書は粉々だ！

ちょっと待って！ 缶の中に**スプレー缶**が混じってるじゃん！

確かに「スプレー缶」って呼ばれてるから缶だと思うかもしれないけど、これは資源になる缶じゃないんだ。

じゃあ何ごみ？

答えは→

A19

不燃ごみ、もしくは危険ごみ

数あるごみの中で最も危険なごみがスプレー缶なんだ。扱い方を間違えると大事故につながるから、これだけは覚えてね。**スプレー缶はスプレー缶だけ別にわかりやすく分けて**「不燃ごみの日」か「危険ごみの日」に出してね。ガス抜きで缶に穴を開けるのは「危ないからそのまま出してください」っていう地域も最近増えてるから、確認してみて。**いちばん危険なのは、缶の中身が入っているのに穴を開けることだよ。**
大事なことだからもう1回言うね。スプレー缶は他の不燃ごみと混ぜないで、わかりやすく別の袋に入れて出してね！

スプレー缶はごみ清掃車が
燃える原因にもなるんだ！

ソファーが公園の前に捨てられている。これは**不法投棄といって絶対にやめてほしい**ことなんだけど、こうなるとぼくらも誰の物かわからないから回収することができないんだ。ひどいことをする人がいるよ。

でも**みんなの家のソファーもいつか古くなるね。**

それを捨てる時は、どうしたらいいんだろう？

答えは→

A 20

地域の粗大ごみ受付
センターに電話する

粗大ごみは集積所に出しておくだけじゃ持っていってくれないんだ。

東京なら一辺30センチ以上（地域によっては50センチ以上）の大きなごみは、センターに電話して粗大ごみ処理の券を貼って出してね。

電話で決めた日時に、粗大ごみ専用の清掃車が回収にくるよ！

ごみ先生が知ったこと・その1
処分場はもういっぱい

滝沢清掃員にも子供の頃があったんだ。不思議でしょ？　ごみ先生が子供の頃には、プラスチックは「不燃ごみ」だったんだ。でも今は「可燃ごみ」だよね？　ビデオテープ、歯ブラシ、虫かごなんかも今は可燃ごみ。なんでだと思う？

もう、ごみの最終処分場（埋立地）がパンパンだからなんだ。

処分場は、可燃ごみの灰と不燃ごみを埋める所なんだけど、そこがいっぱいになっちゃいそうになったから、それ以前は不燃ごみだったものでも、なんとか燃やせそうな物は燃やそうっていうことになったんだ。

不燃ごみのまま埋めるより、燃やして灰にすれば、ごみがちっちゃくなって場所を取らないからね。

だからプラスチックは可燃ごみになった。ごみ焼却炉の性能によって（つまり地域によって）は、まだ不燃ごみ扱いの所もあるけど。じゃあ、昔からもともと燃やしておけば良かったじゃないかって？　確かに、そう思うのが普通だよね。

じつは1994年頃に、ごみ焼却炉の性能がアップしたんだよ。昔は低い温度しかで燃やせなかったから、プラスチックを燃やすと、「ダイオキシン」という人体に有害な物質が発生した。だからプラスチックは不燃ごみだったんだけど、その後研究が重ねられて、850℃以上の高温で燃やせば、ダイオキシンが抑制できることがわかったんだ。

だから今は、プラスチックは可燃ごみとして出せる所が多くなっている。

そのおかげで東京都の埋立地の寿命も残り約30年から約50年に延びたんだ。

でもちょっと待って！　延びたと言っても、みんなの使い方によってはあと50年しかもたないの？

どうしよう？

じつは、その先のことは今も何も決まっていないんだ。

このままのペースだとあと50年で埋立地がいっぱいになるんだから、まずは今からなるべくごみを出さないようにして、埋立地の寿命が少しでも長くなるようにみんなで協力しよう。

ところで、こんなことを思わない？「どこかに新しい埋立地を作ればいいじゃん」って。じゃあ、もし君の家の隣にごみ最終処分場を作るって言われたら、どう？　イヤじゃない？　毎日トラックがやってきて、ごみを捨てていくんだ。嫌がるのはみんな一緒。

だから、今ある最終処分場を大切にしようね。

もし街がごみだらけになったらどうなると思う？

イタリアのナポリって知ってる？　昔からすごくきれいで"一度は行ってみたい街"って言われていたんだけど、数年前、ごみだらけになってたんだ。

ナポリの場合は最終処分場の問題ではなくて、回収の仕組みのトラブルで街からごみが消えなかったらしいんだけど、古くなったごみはすごく臭くなって、ゴキブリなんかが溢れた。中には放火をする人もいてとても危険

なんだけど、ごみがあまりにも多くて回収するのが大変だったみたい。

あと韓国も大変だって聞いたよ。今までは海外にごみを買い取ってもらっていたんだけど、「もう受け入れない」って言われちゃって、ごみの行き場がなくなってるんだ。

ごみは古くなるとガスが溜まって勝手に燃えだしてしまうんだ。「燃えるならいいじゃん」と思うかもしれないけど、さっき言ったとおり、高温で燃やさなかったらダイオキシンが発生してしまう。消しても消しても次から次へと火がつくみたいで、今、大問題になっているんだって。

もし、日本でも何らかの理由でごみ回収ができなくなったら、これと同じようなことが起こるかもしれない。

だから、目の前からごみがなくなればそれでオッケーってことではなくて、そのごみが最後にどうなるのかを考えてみようね。

ごみ先生は、やっぱりなるべくごみを出さないっていうことがいちばんの解決策だと思うんだけど、みんなはどう思う？

第3章

中級編2

絶対出てくる、
季節行事・イベントごみ

Q21

バーベキューって楽しいね！　開放感があって ウギャ――って叫びたくなるね！　網で牡蠣やホタテを焼いている時に 2 回叫んじゃった。みんなも叫ぶよね？

さて、**牡蠣やホタテの貝の殻**がいっぱい出たけど、これは何ごみかわかる？

固いけど、もえるのかな？

答えは→

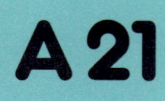

A 21

可燃ごみ

牡蠣の貝は炭酸(たんさん)カルシウムでできている。だから**もやせばもえる**んだよ。あさりやしじみもそうだよ。

固いもの＝不燃ごみ、みたいなイメージがあるけど、**「これは何でできてるんだろう？」と考えると分別しやすくなるよ。**

ちなみに秋になると、時々ごみ袋いっぱいに栗の殻が詰まってて、回収がロシアン・ルーレットみたいだよ！
清掃員滝沢も年に1回くらいグサッと刺されるよ！

Q22

バーベキューで使った紙のお皿と紙コップ。汚れているからもちろん可燃ごみなんだけど、**汚れていなかったら、どうなんだろう？** 紙は紙だよね…。

ゴミ

コッチハ…？

答えは →

A 22

汚れていなくても 可燃ごみ

たまに洗って古紙の日に出す人がいるんだけど、紙コップや紙皿は可燃ごみなんだ。コップやお皿の紙は水漏れしないように薄くコーティングされていて純粋な紙じゃないから、リサイクルに適さないんだ。

ちなみに環境先進国デンマークでは、紙コップや紙皿、プラスチックフォークなどの「使い捨て前提」の物には、高い税金をかけているよ！

Q23

みんなで食べたピザの箱。おいしかったなぁ。あれだったら、あと 12 枚は食べれたな…。でもそんなに一気に頼んだら"ピザ破産"しちゃうな。また次回にしよう！

さて、ピザの箱は何ごみ？

答えは →

61

可燃ごみ

よく古紙の日にピザの箱が出されてることがあるんだけど、実は可燃ごみなんだ。
ダンボールみたいな箱だけど、**ピザの油が付いているから、リサイクルに適さないんだ。**
新しく生まれ変わるリサイクル紙に油が混じっちゃう。

汚れがあるものは
古紙ではなく、
可燃ごみに出そう！

Q 24

花火楽しかったなぁ。20年ぶりにやると予想以上に楽しいね。花火っておじさんがやっても楽しいんだ。

さて、**終わった花火。**これはたぶん可燃ごみなんだろうけど、どうやって捨てるのがいちばんいいだろう？

タノシイ....

答えは→

A 24

最後は水につけて
可燃ごみに

もしかしたらまた火がつくかもしれないから、「コノヤロー」と言いながら水につけてね！ 紙なんかに火が移ったら大変だからね。

それと理由はもうひとつ。**焼却炉での思わぬ発火を防ぐため**というのもあるんだよ。地域によっては未使用の花火は回収しないところもあるよ。

花火の使用期限は
10年と言われているから、
どうせなら遊んでから捨てよう。

Q25

これは手ごわい。どうしよう？　バーベキューで使った**着火材と木炭**が両方とも余ってる。着火材は火をつけやすくするものだから、木炭と一緒に捨てると危ないよね？

どうやって捨てるのがいいんだろう？　ヒントはさっきの問題だよ。

答えは→

A 25

水で湿らせて可燃ごみに

これも花火と一緒だね。いちばんいいのは使いきることだけど、それぞれの家の事情があるもんね。どうしても捨てたい場合は**着火材と木炭を別々に新聞でくるんで霧吹き等で湿らせて捨てる**のがベスト。

何が起こるか
わからないもんね。
(地域によっても
違うから
確かめてみて！)

Q26

バーベキューの帰りに、車の中でチョコレートを食べたんだ。今日は一日食べてばっかだなあ…ん？んんん？　そういえば**チョコレートをくるんでいるこれは何？　銀紙（ぎんがみ）？**

っていうか何ごみだろう？

答えは→

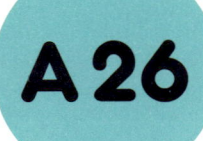

A 26

可燃ごみ

チョコの銀紙はたいていアルミ箔（はく）にくるまれているんだけど、基本的には複合材（ふくごうざい）で薄くて、燃やすと灰になるから**だいたいの地域では可燃ごみで出していい**んだ。でも滝沢清掃員の住んでいる地域では不燃ごみだったから、本当に地域によって違うね。

逆に言えば、このあたりを知っておけばグッと「分別できる人」に近づけるよ！

お祭りって楽しいね！　滝沢清掃員も子供ができて
からよくお祭りに行くようになったよ。今日はク
ジ引きでヨーヨーが当たったんだけど、このヨーヨ
ー、すぐに滝沢清掃員ジュニアがぶっ壊しちゃうん
だろうなぁ。

ぶっ壊れたらヨーヨーは何ごみになると思う？

答えは→

不燃ごみ

ぶっ壊れなくても不燃ごみだよ。素材はスチール等の合成金属なんだろうけど、これは缶の日に出さないでね。ひもとかプラスチックが付いているから不燃ごみなんだ。

だけど、不思議とヨーヨーが缶の日に出されていることがあるんだよね。

Q28

ハロウィンじゃん！「トリック・オア・トリート？」って言われていっぱいお菓子取られたじゃん！ま、いいや。ちっちゃなおばけ達が喜んでいたから、気分がいいよ。

さて、**かぼちゃで作ったランタン**が暗闇（くらやみ）で光った時に幻想的（げんそうてき）できれいだったけど、**ハロウィンが終わったら捨てなくちゃ。**何ごみだ？

答えは→

71

A 28

かぼちゃが可燃ごみで、中の電球は不燃ごみ

中がローソクだったら可燃ごみだよ。いちばんいいのは電球とローソク以外は煮て食べちゃうことだね。ベータカロチンっていう栄養素がいっぱいとれる。「ベータカロチンって何?」だって?　お母さんに聞いてみて。きっと知ってるよ!

ちなみにごみ回収をしてたらバケツの中にこのランタンが捨てられていて、かぼちゃと目が合ってビックリしたことがあるよ。

Q29

うー、さむぃ。冬はこたえるねぇ。お正月だって
さ。歳を取ると月日が流れるのが早いねぇ。
三ヶ日に飾ってた鏡餅。 できれば工夫して食
べてほしいけど、子供の手だとなかなか調理できな
いね。これは何ごみになる？

ニテル？

答えは
→

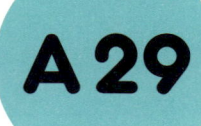

A 29

可燃ごみ

もう勘^{かん}でわかったでしょ？ **でもその感覚、大事！** 分別ができるようになっている証拠だよ！固いから迷うけど、食べ物だから生ごみと同じ可燃ごみだね。

ちなみに正月明けはごみが
大量に出るんだ。
正月だけは収集がお休みだからね。
だから休み明け前日の
1月3日の夜は震えて眠るよ！

Q 30

お花見も楽しいね。そう考えると楽しいイベントって1年間にいっぱいあるね！　お花見に必要なものといったら、ビニールシート。ビニールシートがないと立ってご飯を食べたりお酒を飲むことになっちゃうからね。

でもこのビニールシート、何ごみかわかる？

可燃ごみ？　不燃ごみ？　プラスチック資源？

コレダ！

答えは→

75

A30

自治体に問い合わせ

これは本当に地域によって、また大きさによって、何ごみかが違うんだ。30センチ以上なら粗大ごみなんだけど、切ったとしても可燃か不燃かで分かれるんだ。
でも容器包装ではないから、とりあえずプラスチック資源ではないね。

よくブルーシートが
プラスチック資源に
出されているのを
見かけるけど、
これは回収できないんだ。

ごみ先生の知ったこと　その2
食べ物はものすごく捨てられている

　ごみ回収をしているといつも思うことがあるんだ。

　もったいないなぁ、って。

　半分しか使われてないキャベツ、萎びたニンジン、全然手がつけられていない小松菜。こういうものが、よくごみとして捨てられているんだ。

　いろんな理由があるとは思うけど、長期休暇で旅行に行っていたのか、ある年の休日明けに、大根やピーマン、白菜が、そのまま全部丸ごと捨てられているのを見たこともある。

　メロンが丸ごと捨てられているのを見た時には、「じゃあ滝沢清掃員にくれよぉ」なんて思ったよ。

　他にも野菜炒めやスパゲティ、焼かれたお肉の食べ残し、開けていないゼリーやレトルトのカレーなんかも見たことがある。一生懸命作った農家や、加工した工場の人達が見たらきっと悲しむよね。「俺の作ったものがこんな雑に扱われてー」って泣いちゃうよね。

　あまりにも毎日毎日食べ物のごみが出るから、ごみ先生は気になっていろいろと調べてみたんだ。

　みんなが残した食べ物（まだ食べられるのに捨てられた食べ物）は、日本で年間なんと約643万トン。数字が大きすぎてピンとこないでしょ？　じゃあ、こう考えてみよう。

　食べ物がなくて世界には苦しむ人達がいる。その人達に、食べ物が足りている世界の人達が食べ物を分けることを食糧援助というんだけど、その世界食糧援助の量が、年間で約320万トン（平成26年）なんだ！

　これ驚かない？

　世界中の人達が食べられない人達を助けようとする食べ物より、ぼくらの国だけでその約2倍の食べ物をごみ箱に捨てているんだ。

　ひとりひとりはちょっとの食べ残しかもしれないけど、そのちょっとの食べ残しをみんなで、しかも毎日繰り返していくと、とんでもない量の食べ物を

捨てることになるんだ。

食べ物を捨てて、また新しく買うから、まだまだ食べられると思って、どんどん外国から食べ物を買ってきてはお店で売る。それをみんながまた買って、食べきらずに捨てて、また外国から食べ物を買ってくる。これをずっと繰り返しているんだ。

誰が見ても良くないことだよね？

外国から食べ物を買ってくることを輸入というんだけど、輸入してまで食べ残すって、すごくもったいないことをしてると思わない？

じつは、ここから先を特にみんなに聞いてほしいんだ。

食べ物をぼくたちに売ってくれた海外の国には、ぼくらが食べ物を買うことによって食べ物が行き渡らなくなって死んでしまう子供達がいる。そうやって手に入れた食べ物をぼく達日本人は食べ残している、ということを知ってほしいんだ。

だから、食べ物は大切に食べてね。

ぼくが言っているのは、食べるのを減らしてよってことじゃないからね。

食べられる分だけ取って、最後まできちんと食べるのが大切だってことだからね。

この話をするとよく、「お店が食べ物を無駄にしているせいでしょ」という意見を聞くんだ。確かにお店もいっぱい食べ物を無駄にする。コンビニや居酒屋、ファストフードやファミリーレストラン。最近だと、恵方巻がたくさん余ったニュースを覚えている人もいるんじゃないかな。

でもね、これはお店だけの責任じゃないんだよ。

実は、お店とぼくら一般家庭から出る食べ物のごみの割合は、お店が55％で家庭が45％なんだ。

食べ物のごみの約半分は家庭からなんだよ。

驚くでしょ？

もし何かの理由でどうしても食べきれない物があったら、"フードドライブ"に寄付するといいと思うなぁ。「フードドライブ」で検索してみればすぐに出てくるよ。

でもいちばんいいのは、食べ残さないことだね！

第4章

応用編

間違いやすい、ごみの「中身」

Q31

「芸人をやりながら、ごみ清掃員をやっているんだ」
って言うと、「外での仕事は大変だろ?」って友達
がカイロを送ってくれるんだ。冬は必需品だね。
ちなみにエジプトの首都もカイロっていうんだよ。
エジプトの首都は捨てられないけど、**冷たくなっ
たカイロは捨てるしかないね。**

カイロは何ごみ?

答えは→

A 31

不燃ごみ

一見、可燃ごみっぽいけど、中身は何か知ってる？
実は鉄なんだ。 鉄は何ごみ？　そう、不燃ごみ
だね！　わざわざ袋を破って中身を出さなくてもい
いよ。

でもこの程度なら
可燃ごみでも大丈夫と
解釈する自治体もあるから、
チェックしてみてね！

Q32

中身シリーズもういっちょ行ってみようか！ いい？ 「中身はなんだろう？」って考えてみてね！ スーパーとかでもらえる**保冷剤**（ほれいざい）。凍ってるやつ！ いろんなところからもらって、冷凍庫の中でいつの間にかいっぱいになるアレ！ 何ごみかな？

タベラレマセン

保冷剤 とエール

答えは→

A 32

可燃ごみ

ふだんしっかりごみ分別をしてくれる人が、中身を出して排水口に流すことがあるんだけど、そこまでする必要はないよ。そのままごみ箱にポイでいい。むしろ中身が98％の水と高吸水性ポリマーという成分で、オムツにも使われているものなんだ。ということは水分を吸収しちゃうね。**排水口が詰まる原因**になるから絶対にやめてね。

ちなみに使い道がなくなった保冷剤はお湯で温めてガーゼでくるむとホットアイマスクみたいになって気持ちいいよ！

Q33

さらにもういっちょ中身シリーズ！　いっそのこ
と、この章を"中身シリーズ"にしちゃおうかな。
よし、今決めた。次も中身を考えるんだ!!
少し中身が残っているペンキ。これはどう
やって捨てる？
便器に流したら色が付いちゃうし、そのまま出した
ら清掃員は持っていかないよ。どうする？

答えは→

A 33

いらない新聞紙などに塗って、乾いたら新聞は可燃ごみ。中身がなくなった缶は不燃ごみ

気が付かなかったでしょ？ 液体のままだと回収はできないけど、**形を変えれば回収不可能なごみも立派なごみになる**んだ。油だってそうでしょ？ 液体のまま排水口には流せないけど、固めてしまえば可燃ごみになるね！

またひとつ物知りになったね！

Q34

次はちょっと難しい。いじわる問題。

"生ごみ"！ これは中身というより「成分に含まれてる」ってことなんだけど…

「生ごみの80%は○○でできている」

この○○には何が入る？

答えは→

A 34

水分

生ごみの80%が水分なんだ。この水分が生ごみの
イヤな臭いの原因なんだ！
だから捨てる前に軽くぎゅっと絞ると臭いを抑え
られるうえに、ごみ焼却炉でも燃えやすくなるよ。
火で燃やすから水は大敵なんだ。焼却に使われる
エネルギーも少なくて済むから**余計な税金も使
われなくてよくなるんだよ！**

ちなみに生ごみを
新聞紙でくるんで捨てる
お家があるけど、あれはいいね。
きっとおばあちゃんの知恵的な
ものだと思ってるよ！

さてサービス問題。久々に出たね！　いちばん初め
の問題以来だ！

CD！　知っている人はもう知ってるよね！　CDケ
ースから取り出したCD本体。裏返すとキラキラ
光るあのCDだ。

**カラスがビビると言われているあのCD
は、何ごみ？**

答えは→

A35

可燃ごみ

現在も不燃ごみの地域はあるけれど、実は可燃ごみなんだ。DVDも同じだよ。
ちなみに滝沢清掃員は昔、家の鏡が割れて、CDを鏡がわりにして1年間使ったことがあるよ！

これもこれで
リサイクルだね！

Q36

ビンタイプのマニキュアってあるじゃん？　あ

の空きビンって何ごみだと思う？

中身を考えてー、中身を…。

ちなみに滝沢清掃員は塗ったマニキュアを女性が

乾かしている姿にグッとくるよ！

シゲキ
シュウ！

答えは→

不燃ごみ

マニキュアの液はどうしても汚れが落ちないね。だからリサイクルできなくて不燃ごみになるんだ。洗ったとしても、洗い終わったあとの水が環境を汚すから無理しないで。

ラー油とかの油のビンにも同じことが言えるよ！

お化粧シリーズ、かつ中身シリーズ。今度は化粧水
のビンだ。

ママが朝やお風呂上りとかに、顔に叩き込んでる、
あの液体のビン。マニキュアとは違うね？

さて、**化粧水のビン**は何の日に出す？

どんな液体か想像して！　ヒント出し過ぎちゃった
かな？

答えは→

A 37

ビン資源の日

化粧水自体は色がついていなくてビンにも色がつかないから、**リサイクルできるんだ！**
イメージで不燃に捨てちゃうともったいないね。

ただし地域によっては
飲料系のビンしか出しては
ダメというところもあるから
気をつけてね！

Q 38

ひっかけ問題――っ！　次は難しいぞ。でも前もっ
て「ひっかけ問題」って自分から言うところが滝沢
清掃員の優しいところだね！

乾燥剤（かんそうざい）って知ってるかな？　せんべいや海苔と一
緒に入っているヤツあるだろ？

あの乾燥剤は何ごみ？

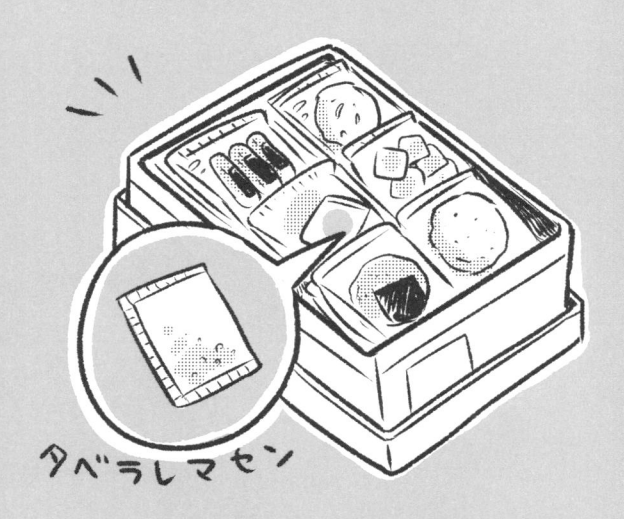

タベラレマセン

A 38

不燃ごみ

これは難しかったね。**乾燥剤は一定量以上の水分が加わると熱を持つ性質があるんだ。**可燃ごみって生ごみも袋にいれるだろ？　水気のあるものと乾燥剤を一緒にすると危険だという理由で不燃ごみになるんだ。そういう危険性がなければ可燃ごみでもいいけど、念には念を入れて！

ちなみに、使い終わった乾燥剤はブーツの中に入れておくと湿気を取ってくれるから便利だよ！

中身シリーズも終盤。これははっきり言って上級者向け。大人でも難しい問題だ！

100円ライター。これはどうやって捨てる？

子供だけの時は絶対に使っちゃダメだぞ！

答えは→

不燃ごみ

ライターの捨て方はよく相談されることのひとつなんだよ。

基本的には中身を使いきってから、不燃ごみに捨ててほしいんだけど、どうしても使いきれなかったら、他の不燃ごみとは別の袋に分けて、ライターだけとかにしておいてくれると助かるよ。

不燃ごみの車にはスプレー缶も収集されるから、運悪く両方とも反応したら清掃車がもえちゃう。皮肉（ひにく）にも、**もえないごみの車が一番もえる可能性があるんだね！**

中身シリーズの超難問。**石油ストーブ！** 冬に使うあいつ！ 石油ストーブ自体は粗大ごみなんだけど、このまま出すのはよくないんだ。どうやって出したらいいと思う？ ヒントは、中身…中身…。

答えは→

A 40

まだ灯油が入っていたら、布などに染み込ませて、中身を取り出す

粗大ごみは申し込まれたものしか回収できないから、中身までは回収できないんだ。

たまに粗大ごみの机の中にいろんなごみをわざと詰めて持っていってもらおうとする人がいるんだけど、そういう場合、清掃員は「回収しないように」と言われているんだよ。

この仕事を始めたての頃、ストーブをかついで頭から灯油をかぶったことがあるよ！

ごみ先生が知ったこと　その3
プラスチックは海に流れこむ

こないだ、製造年月日が二十年前のお菓子の袋が土の中から出てきたんだって。

この袋は薄いプラスチック製だったんだけど、まるで昨日捨てたみたいにきれいな状態だったっていうから驚きだよね！

普通のプラスチックは地中の微生物（びせいぶつ）が食べて分解できないから、ずっと地球上に残る。このままだと世界中がプラスチックだらけになるんだよ。

同じことは今、海でも起こっていて、掃除しても拾いきれない状態なんだ。

じゃ放っておこうか？　いや、そういうわけにはいかないんだよ。

なんでかって？

海に流れるプラスチックのごみは年々増えているから、これ以上増やすわけにはいかないんだ。

海にあるプラスチックのごみは、存在自体はなくならないけど、波と接触したり、紫外線（しがいせん）を含む日光に当たることでボロボロになっていくんだ。最終的には粉々に小さくなっていくけど、決してなくなりはしないから、すごく小さなプラスチックが海を漂いつづけることになる。

それがものすごい数！

この小さくなったプラスチックのことを「マイクロプラスチック」というんだ。

「小さいなら、いいじゃん？」と思うかもしれないけど、これまたそうもいかない。

魚がこのマイクロプラスチックを食べちゃう。そしてその魚をぼくらが食べるから、人間の健康に被害が出るかもしれないと言われているんだ。

だからこれ以上、プラスチックが海に流れないようにしなければならないんだ。

じゃあ、どうすれば海にプラスチックが流れないかな？

もちろん、海に遊びに行った時には風に飛ばされないようにごみを持ち帰

ることが大切なんだけど、じつは、街に落ちているレジ袋やペットボトルもマイクロプラスチックの原因になると言われているんだ。

レジ袋が飛ばされて川に落ちればそのまま海に流されるし、ペットボトルが道路に落ちていれば、車に踏まれて目に見えない程の小さなプラスチックの破片になるんだ。あまりに小さなその破片は雨で下水に流され、小さすぎるために、下水で処理できなくて海に流れちゃうことがある。

自動販売機の隣に置いてあるごみ箱に、関係ないごみが溢れているのを見たことない？　あと、ごみ集積所をごみ箱扱いして、コンビニで買われたものがポイと側に捨て置かれてたりするでしょ？

そういうのも、風が吹けばどこかに飛んでいっちゃうよね。で、いつかは川に落ちて、そのまま海に流されるかもしれない。街のごみだからってあなどれないんだよ。

あなどれないというか、ここで驚くことを教えるね。

海のプラスチックごみの7割から8割は、陸から流れたごみなんだよ。

これは、ぼくらの生活スタイルになってる「使い捨て」という習慣に無理が生じてきているのかもしれない。陸からごみが溢れだして海に流れこんでるイメージ、と言ったらいいのかな……。

ちょっと難しい言い方だったね！

わからなかったら、学校の先生かお父さん、お母さんに聞いてみて！

「お父さん、ダボス会議で発表された、"2050年までには海での生物の数よりプラスチックの量の方が多くなる"って本当？」って聞いてみて！　きっと驚くよ。

「うん？　あー、あれね、そうそう。よく知っているな。それな。そう。それは本当だ!」と、しどろもどろになったら、きっとお父さんはウソをついているよ！

試してみて！

ポイントは"ダボス会議"だからね！

第５章

これで達人！
超難問ごみ

あーあ、**観葉植物が枯れちゃったよ**。ちゃんと水をあげなきゃダメじゃん！　植物も動物も人間もみーんな水がなきゃ生きていけないんだよ。

でも枯れちゃったものはしかたない、捨てるしかないね。どうやって捨てる？

ちなみに容器は陶器でできてるよ。

ゴメンネ…

答えは→

植物は可燃ごみ、陶器は不燃ごみに。土は回収できない

土は自治体では回収できないんだよ。一部の地域では、「少量なら」という条件付きで不燃ごみで回収しているところもあるけど、今はほとんど回収していないね。

他に回収できない代表的なものは、**レンガやブロック塀**。ガーデニングをやるお母さん達が、「買うのは簡単だけど捨てるのが大変！」って嘆いているよ。捨てる時は業者に頼まなければならないからお金がかかるんだ。捨てることができないものもあるから、買う時に捨てる時のことも考えよう。

いつか卒業しなきゃいけない日がくる、おもちゃ。

おもちゃにもよるけど、電池の入っている タイプのやつって、回収の時はなかなか厄介な んだ。

回収中に急に音を立てるおもちゃがあって驚くん だよね。あれはどうやって捨てる？

答えは→

A42

電池を抜いて不燃ごみに

リチウム電池というのが入っている場合があるんだ。きちんと抜いてほしいなあ。圧迫されると煙が出ることがあって危険なんだ。**抜き取った電池は、絶縁させて家の近くの回収ボックスに入れよう。**

「絶縁」って何をすることだと思う？
電流の通るところに
セロハンテープを貼ることなんだ。
こうすれば不要な電流が
流れずにすむんだよ。

今まで回収に出していたものを**何とかお金にする方法**はないかな？

今までごみだと思っていたものが、お金になったらうれしいよね？　どうすればいい？

答えは→

A 43

（たとえば）集団回収
しゅう だん かい しゅう

「集団回収」って知ってる？　町会や集合住宅、PTA などで団体を作って、ダンボール他のリサイクル資源を持ち寄って回収業者に直接渡せば、**回収量に応じて報奨金がもらえるよ**。ただ捨てるより
ほう しょう きん

そのお金をコミュニティの活動とかに使えるからいいかもね。

他に、自分が捨てようとしてるものを欲しがっている人がいないかインターネットで探してみるのもいいね。自分にとってはごみでも他の人が見れば宝だ！　ってこともあるよ。

あとはペットボトルを持っていけばポイントに変えてくれるお店やスーパーもあるよ。ポイントだってお金だからね！

みんな色々探してみて！

Q44

引っ越しする家があると、ごみ回収していて驚くことがあるよ。**1軒の家からこれだけのごみが出るのかと思うと足がガタガタと震える。**でもね、実はこれはルール違反なんだ。1軒の家から出せるごみの量って決まってるんだ。

1回に1家庭が出せるごみの量ってどのくらいだと思う？

答えは→

A 44

（45リットルの袋で）
3袋まで

このルール知らなかったでしょ？

じつは規定が決まっていて、たとえば月曜、木曜の週2回の可燃ごみ回収だとすると、火曜の分、水曜の分、木曜の分、それぞれ1日1袋という考え方で、1回に出せるのは45リットルの袋3袋までなんだ。地域によっては4袋というところもあるよ。

だから引っ越しでごみが大量に出る時は事前に清掃事務所に電話しなきゃいけないんだ。電話待ってるぜ‼

ちなみにごみ収集車（2トン車）が
1台に詰めるごみの量は、なんと
ごみ袋（45リットル）900個にもなるんだ！
圧縮してギューギューにして
詰めているんだよ！

テレビとエアコンが同時に壊れちゃった。人生にはこういうことがあるんだよ。出費(しゅっぴ)がかさばるじゃん……。壊れるなら時期をずらしてくれよ……。さて、**テレビやエアコンは普通の捨て方じゃダメなんだ。**どうやって処分すると思う？

答えは→

A 45

家電リサイクル受付センターに電話する

"テレビやエアコン、冷蔵庫、洗濯機などの使える部分はリサイクルして廃棄物を減らそう"という法律があって、「家電リサイクル法」というんだ。これらは捨てる時にお金がかかるから、買う時には一生使い続けるつもりで本気で選ぼう！

ちなみに家電といえば、
FAXってすっかり
ごみに出なくなったよ。
一通り出尽くしたのかもね。

Q 46

猫が道端でひかれてる……

このままにしていたら、またひかれるかもしれない
し、かわいそう……。

どうしたらいいんだろう？

答えは →

115

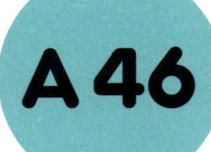

A 46

清掃事務所に
電話をする

自分の地域の清掃事務所に電話をして、どこで猫が亡くなっているか伝えよう。

職員の人があとでやってきて、丁寧に運んでくれる。

自治体によっては「○○のお寺で供養しています」といった情報がホームページに載っているから見てみるといいよ。

> 動物の種類・大きさによっても
> 扱いが違うよ。
> あわてて手で触らないでね！

Q 47

ちょっと待ってよ、今度はドライヤーが壊れたよ！
ドライヤーだけじゃなくてデジカメも携帯ゲーム機もいっぺんに壊れた。もう無茶苦茶だ！ 捨てるしかないか…

こんな時、みんなは不燃ごみの日に捨てるかもしれないけど、もっといい方法があるんだ。どんな方法？

答えは→

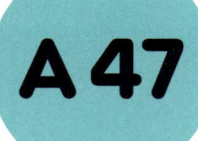

施設で行っている拠点回収
きょてんかいしゅう

小型家電には**希少金属（レアメタル）**といって
きしょうきんぞく
珍しい金属が入っているんだ。拠点回収に持って
いけば、これが再利用されて**埋立地に埋められ
なくてすむ**。施設が近くにある人は協力しよう！
わざわざ持っていくんだから何かオマケが欲しい
よね？　今度、滝沢清掃員がかけ合ってみるよー！

携帯電話、パソコン、
電子レンジ、炊飯器、
電子体温計
なんかも対象になるよ。

毎日、ちゃんと給食食べてる？　自分の分はちゃんと残さずに食べるんだよ！　もったいないからね！農家の人が泣いちゃうからね！

その給食、食べ残すとどうなる？

タベノコシ ハ ドウナルノ？

答えは→

A 48

燃やされる

もったいないね。一部は再利用に使われているけど、残される量が多過ぎて燃やすしか方法がなくなっているんだ。たとえば野菜なんかは、みんなの給食になるまでに農家でたくさんの水をあげていたりするから、**水や肥料、農家の人の努力も一緒に捨ててる**ことになるんだ。君が作ったキャベツが目の前で捨てられたら悲しいだろ？　だから残さず食べようね！

日本人はとってもとってもとーっても食べ物を捨てているんだ。1家庭の残した食べ物をお金に換算すると、**平均して1年間で6万円無駄にしている**と言われているよ。

大人が食べ物を残していたら怒っていいからね！

Q49

みんなは回収されたごみはどこに行くと思う？

そうだね、清掃工場だね。よく知ってるね！

でもそのあとは知ってる？ みんな清掃工場に運ばれたごみは消えてなくなると思っているかもだけど、ここでは灰になるだけなんだ。

この灰は最終処分場という所に行くんだけど、**実は最終処分場の寿命は決まっているんだ。**

あと何年もつと思う？ 他のページ（P.54）も読んでくれていたらわかるよね？

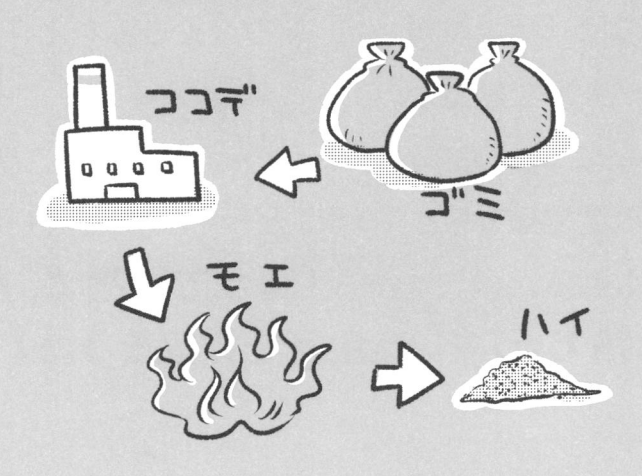

ココデ

ゴミ

モエ

ハイ

答えは →

A 49

約50年くらい

たとえばみんなが10歳だとしたら、60歳になった時に最終処分場はごみで埋め尽くされるかもしれない。埋め尽くされたあと、ごみはどうなる？実は本当にまだ何も決まっていないんだ。

ごみの行き場がなくなって街がごみで埋め尽くされたらイヤでしょ？　だから今からリサイクルできるものはリサイクルして、なるべくごみを出さないことが大事なんだよ。

ちなみに「約50年」というのは東京近辺の話で、他の地域では「あと20年」とか「30年」というところもあるんだ。だから**「買っては捨て、買っては捨て」っていう生活を見直そうね！**

じゃ、ごみそのものを減らす方法を考えてみよう！
どんな方法がある？

答えは →

みんなが考えれば、いくらでもある

たとえば、**可燃ごみから雑がみを抜く**という方法があるね。その雑がみを集めてリサイクルに出せば、また紙になるよ。可燃ごみに出しちゃうと灰になっちゃうからね。

プラスチック資源回収がある地域なら、容器包装のプラスチックを可燃ごみから取り出してもいいね。

他にはコンポストタイプの生ごみ処理機があるんだけど、これは**生ごみを肥料（ひりょう）にすることもできるんだ。**きゅうりやプチトマトを作れるし、生ごみが減れば焼却炉の水分も減るから一石二鳥だね。実はこのコンポスト、ダンボールでも作れるから調べてみてね！

他にもどんな方法があるのかみんなで考えてみて！

ここまで来たら、きみもスマートな達人！
ごみ分別の極意・9箇条

何回も言ってるけど、ごみの分別ルールは地域や時代によって違うんだ。だから分別をただ丸暗記することより、「それがごみや資源になる理由」を感覚的に知ることが大切なんだ。

1. ごみに出そうとする製品（商品）の裏や横を見て、ごみ分別のマークがついてないか確認。

2. 分別のマークが付いていなかったら（逆にマークが付いていても）、「これの中身は何だろう?」と考えてみる。

3. 容器を分別するときは
「色が付いてるか?／透明か?」
「汚れてるか?／きれいか?」
「臭いはついてるか?／ついてないか?」を気にしてみる。

4. 「これの素材はなんだろう?」「どうやってリサイクルされるんだろう?」と考えてみて、再生されないと思ったら、資源ではなく、ごみに。

5. ひとつの製品にもえる素材ともえない素材が混じっていたら、割合を考えてみる。9割がもえる素材だったら、可燃ごみに（※少しでももえない素材が混じっていたら不燃扱いにという地域もあるから注意して!）。

6. 雑がみなどのリサイクル資源では、この9割ルールはあてはまらない。あてはまるのは可燃ごみ、不燃ごみだけ。

7. ごみに出す前に、それがお金にならないかを一度考えてみる（それだけでも、ごみは減る）。

8. 清掃員がごみを回収するときに危険じゃないか、考えてみる。

9. 商品を買うときに「本当に必要かな?」と考えてみる。

「ごみ育」自由研究ノート

月／日	/	/	/
曜　日			
出したごみ			

まずは、この1週間に自分が出したごみを
記録してみよう。（きっと、びっくりするよ！）

/	/	/	/

自分が思ってたより多かった？ 少なかった？

あとがき

　気づいた？　勘の良い子はもう気づいているよね？

　この本の中の問題文では、「何ごみだと思う？」と「何の日に出す？」の２つに分けてみんなに質問していたんだ。

　「何ごみだと思う？」の方は、可燃か不燃か粗大のごみ。これらは本当にごみ。ごみ以外の何物でもない、ごみ・オブ・ザ・ごみ。

　もうひとつの「何の日に出す？」の方は、ビンや缶、ダンボール等の資源になるものだから、「ごみ」とは書かなかったんだ。

　ごみ先生は、"資源ごみ"とは一度も言わなかったでしょ？

　みんなも覚えて！　資源は「ごみ」じゃないんだ！

　どう？　ごみ分別のこと、少しはわかってくれたかな？

　まだ自信ない？　確かにすぐには全部、覚えられないよね。

　でも、絶対大丈夫なんだ。

　だって、この本を読み終わった今の君は、読む前とはごみ分別に対する意識（いしき）が変わっているはずだもん。ううん、分別だけじゃなくて、ごみそのものに対する見方も変わっているかもね。

　ごみ先生はそこがいちばん大事だと思うな。

　今まで一度も考えなかったごみのことでも、「このメモ用紙はひょっとしたら雑がみで資源になるのかも…」と思ってくれたら、それだけで今までの君とは違う君になっているんだよ。

　くわしい分別は少しずつ覚えて、

できる時に、思いついた時に、ちょっと分けてみようかなと思ってくれればそれでいいよ！

みんながちょっとずつそう思えば、今までより絶対にリサイクルが進むはずだからさ。

でもね、君達だけにこっそり教えるね。本当に本当のことを言えば、「リサイクル」というのは『3R（"さんあーる"または"スリーアール"と読む）』の中で、優先順位は最も低いんだ。

『3R』っていうのは、これからのごみについての、頭文字が「R」の言葉を3つ並べたもの。

まずいちばん優先されるのは「Reduce」（リデュース）といって、ごみを「減らす」ことなんだ。レジ袋をもらわなかったり、必要のないものは買わないという意味だよ。この「リデュース」がいちばん大事。

で、その次に「Reuse」（リユース）。「リユース」は、「形を変えないでもう一度使う」ってことなんだ。誰かがいらなくなったおもちゃをもらって、楽しく大事に遊ぶのはリユースなんだ。詰め替え用のシャンプーみたいに、新しい容器を買わないで使い続けるのも「リユース」だよ。これが「リデュース」の次。

そして最後が、この本で勉強してきた「Recycle」（リサイクル）なんだ。「リサイクル」は、一度使ったものに熱を加えて溶かしたりして、形を変えて、もう一度整えて使えるようにすること。

とても大切なことだけど、「リデュース」や「リユース」をしていれば、「リサイクル」は最小限に抑えられる。

だから、「リサイクルするから物をじゃんじゃん使っていい」っていうわけじゃないんだ。

あ、いいよ、いいよ。覚えなくて！

こういう言葉もあるって知っておいてくれるだけでいいんだ。いつか思い出してくれたら、それでいいからさ。

ぼくって優しいでしょ？　うん、"感じが良い人"って思われたいからさー（笑）。

あとついでに、もうひとつだけ知っておいてほしい言葉があるんだ。

それは『Last Long』という言葉なんだ！

これは、海外で環境問題について考えている一部の人達の間で使われている言葉で、"考え方"でもあるんだ。

「ラストロング」自体は「長持ち」という意味なんだけど、この言葉の奥には「愛している物なら命がなくなるまで使う」という考え方が込められているんだ。愛している物を買い、愛している物に囲まれて、命がなくなるまで使いきる。

安いという理由で買って、「使い勝手が悪いから捨てちゃおー、安いから別にいいや」というのとは真逆の考え方だね。

大切に買って、大切に使うことが、これからのみんなの時代に必要となってくることだよ。だって、ごみ最終処分場の寿命にも限りがあるからね。

「ラストロング」。

とても良い響きだから日本でも流行るといいね！

この言葉をもとに、ごみ先生こと滝沢清掃員は、さっきの『3R』にもうひとつけ加えて『4R』にしたいと思ったんだ。

それは「Respect」。

「リスペクト」には「尊敬する」とか「重んじる」という意味があって、これをもうひとつの『R』にしたいんだよ。

自分以外のものにリスペクトが

あれば、物を大切にするし、食べ物も残さない。作ってくれた人へのありがとうという気持ち生まれるし、集積所をきれいにしてくれる近所の人達や管理人さんにも挨拶するようになるはず。

「このごみをこのまま出したら、ごみ清掃員の人達、危なくないかな？」って想像力もふくらむかもしれない。

大人になるということは、見えないものに対する思いやりを持つことなんだよ。

この本はごみのことだけじゃなくて、ごみを通して色々なことを知ってほしいと思って書いたんだ。

ぼくは最初、お金をもらうためにごみ清掃員として働き始めたけど、ごみを通していろいろなことを教えてもらった。だからみんなにも、ぼくの見てきたこと、聞いてきたことを知ってほしいなぁと思ったんだ。

みんなはこの本を読み終わって、きっと新しい自分になったはずだよ。
じゃ、また会う日まで。ばいばい！
街でぼくがごみを回収しているのを見かけたら手を振ってね！
ぼくも振り返すからさ！

滝沢秀一

【参考資料】

環境省　一般廃棄物の排出及び処理状況等（平成28年度）について　http://www.env.go.jp/press/105322.html
日本製紙連合会　古紙の利用率及び回収率の推移　https://www.jpa.gr.jp/states/used-paper/index.html
公益財団法人古紙再生促進センター　紙リサイクルの基礎知識　http://www.prpc.or.jp/recycle/waste_paper/
経済産業省　家電リサイクル法（特定家庭用機器再商品化法）　https://www.meti.go.jp/policy/it_policy/kaden_recycle/index.html
東京都環境局　埋立処分の変遷・未来　http://www.kankyo.metro.tokyo.jp/faq/resource/chubou/rekishi/answer_01_06.html
CNN.co.jp　海を漂うプラスチック、2050年までに魚の量超す見通し　https://www.cnn.co.jp/business/35076480.html
農林水産省食料産業局　日本の食品ロスの大きさ　http://www.maff.go.jp/tokai/shohi/seikatsu/heya/tokubetsu/attach/pdf/20171215-10.pdf
環境省　一般廃棄物処理事業実態調査の結果（平成29年度）について　https://www.env.go.jp/press/files/jp/108782.pdf

カバーおよび本文イラスト　　ニコ・ニコルソン
ブックデザイン・アイコン制作　相馬章宏（コンコルド）
校閲　　鷗来堂
企画協力　髙畠久美子　本間隆志（太田プロダクション）
編集・構成　小林知之
編集　　村上清　森一曉

この本には載せきれなかったことも
たくさんあるよ。
ごみ分別についての質問は、
ごみ先生こと滝沢清掃員の
ツイッターアカウント
@gomihatakara まで!!

ごみ育
いく
日本一楽しいごみ分別の本

2019 年 8 月 17 日第 1 版第 1 刷発行

著者　　滝沢秀一

発行人　岡聡

発行所　株式会社太田出版
　　　　〒160-8571
　　　　東京都新宿区愛住町22　第3山田ビル4F
　　　　電話03（3359）6262
　　　　振替00120-6-162166
　　　　ホームページ http://www.ohtabooks.com

印刷・製本　株式会社シナノ

ISBN978-4-7783-1677-8　C0095